AF554058

LETTRE AUX CONTRIBUABLES
NON ÉLECTEURS

PAR

J. B^te. RICHARD de Radonvilliers,

AUTEUR

DE

L'ENRICHISSEMENT DE LA LANGUE FRANÇAISE,

Dictionnaire de mots nouveaux (1).

Prix : 25 c^mes.

PARIS,
CHEZ DESLOGES, ÉDITEUR,
39, rue Saint-André-des-Arts.

1846.

(1) Ce Dictionnaire se vend au comptoir des Imprimeurs-Unis, quai Malaquais, 15, et chez Pilout, libraire, rue Saint-Honoré, 70.

EN VENTE :

LE PROCUSTE PARLEMENTAIRE.

PORTRAITS SATIRIQUES

de nos 459 députés.

Un fait, une épigramme, un jugement, et je vous montrerai ce que c'est qu'un député.

Par FORTUNATUS.

1 beau volume format anglais, 2 francs.

Paris. — Imprimerie de Lacour et Ce, rue St-Hyacinthe-St-Michel, 33.

LETTRE AUX CONTRIBUABLES

NON ÉLECTEURS,

PAR

J. B^{te}. RICHARD de Radonvilliers.

Paris, 20 mai 1846.

Messieurs,

Nos pères saluèrent avec enthousiasme la révolution de 1789, parce-que cette révolution régénérait la patrie, affranchissait la nation du pouvoir absolu, détruisait tous les abus qui pesaient sur les masses par les priviléges et par les privilégiés ; parce qu'elle amenait le régime de l'égalité politique, et parce qu'elle apportait à chacun l'exercice de son droit social et national. En effet, Messieurs, par cette révolution, tous les citoyens sortirent des gênes et des hontes de la servitude, de la privation de tous droits sociaux et politiques, pour entrer dans les vastes routes de la liberté ; et chacun entrant dans l'égalité politique, dans son libre droit d'action, dans un caractère de nationalité, chacun entra dans la dignité d'homme et de citoyen. A cette époque, de glorieuse et nationale émancipation du peuple français, la liberté, encore peu comprise, s'infiltra rapidement dans toutes les intelligences, et bientôt les grandeurs patriotiques se substituèrent dans les esprits à cette servilité basse et rampante qui reconnaissait comme divin le pouvoir absolu, qui reconnaissait comme sacrée l'action aristocratique, l'usurpation des priviléges. Dans ces temps libérateurs, il était beau, c'était un spectacle imposant et majestueux de voir tous les citoyens sans distinction de rang, s'émouvoir pour voler au devant des dangers de la patrie, pour concourir à toutes les mesures d'ordre, pour se grouper avec calme, avec un sentiment national dans tous les colléges électoraux afin d'y exercer le premier et le plus grand droit de citoyen ; et si aujourd'hui on compare ce bel élan désintéressé dans lequel chacun entrait, ce beau droit, appartenant à tous et que tous possédaient, avec ce lourd égoïsme, cet intérêt sordide, cette grande corruption que l'on fait planer de nos jours, avec ce petit nombre de votants pour la formation de la Chambre élective, votants auxquels le privilége de la fortune transmet tout le droit national, avec ce mesquin électorat censitaire qui fausse le principe représentatif, qui détruit le principe d'égalité politique, qui repousse le droit et l'intelligence pour faire place à l'orgueil de la fortune et à une permanente corruption électorale, on est forcé de se dire : la France a rétrogradé dans son action de liberté, dans son action de souveraineté nationale; car, par le mode électoral actuel, le peuple français ne possède ni le droit entier de sa souveraineté, ni l'extension, ni les conséquences de la liberté.

A la grande émancipation libérale de 1789, succédèrent bientôt les époques de restriction de droit de vote électoral. A qui dûmes-nous cette rétrogradation? Aux hommes de circonstance qui devinrent plus nombreux et plus dominants que les hommes de principes, à ces hommes d'intrigue et de corruption qui flattent et étendent les orgueils et les ambitions des princes, qui dépravent tout, qui épient, étudient, tous les événements pour les exploiter à leur profit, qui toujours influent désastreusement sur les destinées d'un peuple. Vous avez dû remarquer Messieurs, que ce fut toujours aux hommes de circonstance que la France dut tous ses successifs bouleversements d'ordre et de gouvernement, tous ses maux et ses malheurs, et que ce furent toujours ces hommes qui déshonorèrent les époques et qui perdirent tout. Et ne sont-ce pas encore les hommes de circonstance qui, après le renversement de la restauration en 1830, ont lutté par tous les moyens d'intrigue, d'astuce et de mensonge contre les hommes de principes, pour s'emparer de la révolution de juillet afin de l'exploiter à leur profit, pour arrêter cette révolution dans sa course, dans ses conséquences, et pour anéantir les principes qu'elle a fait revivre? Et ne sont-ce pas encore les hommes de circonstance qui arrêtent ou repoussent toutes les utiles et nécessaires réformes électorales et parlementaires, et n'est-ce pas à eux que nous devons toute l'instabilité des choses et la marche d'un système politique qui fausse les lois relatives au conseil d'Etat et à la garde nationale, qui soumet la France au ruineux, honteux et déshonorant veto anglais, qui, s'abritant sous des bastilles, nous conduit on ne sait où, qui ne peut se concilier aucunes sympathies nationales, qui, au dehors, blesse la dignité de la France, compromet ses grands intérêts, qui au dedans, n'a de moyens d'action que par l'intimidation et l'illégalité, que par une corruption permanente et s'étendant à tout? Les faits sont là qui parlent et prouvent qu'en politique les hommes de circonstance et d'intrigue seront toujours un fléau pour une nation.

En apportant à la France de grandes gloires, de grandes augmentations de territoire, tous les germes de fécondité artistique, commerciale et industrielle, l'empire étouffa toutes les libertés. Sous le régime impérial, l'électorat, la représentation, l'omnipotence parlementaire n'étaient que des dérisoires simulacres de choses, étant sans véritable action, et il n'y eut que des actes représentatifs de forme mesquine soumis à un général et complet mutisme. L'esprit, la volonté du maître était tout, faisait tout. En lui résidait toute l'omnipotence nationale, et la France, inclinée sous un grand et énergique pouvoir absolu, mais non humiliée au dehors, mais non corrompue au dedans, ne commandait, ne discutait rien, elle obéissait et se taisait. Cette époque, si grande pour la gloire, fut nulle pour la liberté, et les citoyens oublièrent l'action de cette liberté, ou, s'ils conservaient le souvenir de leur droit et de leur égalité politique, ils n'osaient revendiquer ni ce droit ni cette égalité. Toutes les impulsions furent changées, elles prirent une autre direction, et les hommes ne se pressant plus dans les assemblées publiques, dans les colléges électoraux, ils volaient sur les champs de bataille, où ils s'immortalisaient en combattant, en mourant pour la gloire et pour le pays, et de tous les nombreux enthousiasmes publics de 1789 il ne restait que l'unique élan de la guerre et de la victoire.

Après l'empire, vint la restauration avec tous ses préjugés antiques, avec toutes les orgueilleuses ambitions de domination sans gloire, avec tous les vouloirs de pouvoir absolu sous des masques de libéralité et de nationalité. Pour se concilier la nation, cette restauration voulut paraître imblessante, elle annonça vouloir une pondération de tous les droits, de tous les besoins et de tous les intérêts, sans rien heurter. Elle voulut paraître plus libérale que l'empire, elle déclara vouloir fonder le véritable gouvernement représentatif, elle en montra la forme et elle en repoussa le principe et l'action par le mode électoral qu'elle adopta ; car, ce mode électoral ne fut qu'une dérision du système représentatif, n'appelant que les plus grosses fortunes à l'électorat, ne donnant pas cent mille électeurs pour toute la France, et les fractionnant encore dans des colléges d'arrondissement où ils étaient sous la férule administrative, et écrasant encore les colléges d'arrondissement par des colléges de département dans plusieurs desquels des éligibles par le cens de mille francs n'avaient pas le droit de figurer comme électeurs.

Comme l'empire, la restauration passa vite et sa chute fut un triomphe national ; parce qu'elle avait augmenté les premières et naturelles préventions du pays ; parce qu'elle avait irrité le pays par des jongleries libérales masquant toutes les tentatives de gouvernement personnel ; parce qu'elle avait repoussé le principe d'égalité politique, le droit égal de tous, quoique le consacrant par une charte octroyée ; parce qu'elle heurtait constamment l'opinion publique, tous les vouloirs nationaux, toutes les tendances libérales ; et parce que les électeurs censitaires privilégiés qu'elle avait donné en petit nombre au pays étant continuellement trompés, harcelés, menacés, vexés et persécutés s'indignèrent et comprirent enfin que, nés du privilége et non du droit, que sans consistance légale nationale, l'irritation du pays retombait sur eux, et ils sentirent qu'ils devenaient responsables des fautes d'un gouvernement qui mutilait tout, droits, principes et même l'absurde simulacre démocratique que ce gouvernement avait adopté.

Mais remarquez-le, Messieurs, et que cette remarque soit une leçon, un avis utile aux peuples et aux gouvernements. l'empire et la restauration, avec toutes les apparences de vie forte et de durée, croulèrent promptement. l'un, par les abus de la guerre, de la victoire et de la conquête, par l'entier étouffement de l'action démocratique, et par le mutisme représentatif et celui de la presse. L'autre, par ses actes antilibéraux, par des abus de pouvoir qui chaque jour la poussaient vers l'absolutisme, et pour n'avoir voulu qu'un ridicule simulacre représentatif, qu'un électorat aristocratique dont elle repoussait l'indépendance, qu'elle voulait faire condescendre à des vouloirs antinationaux, contre lequel elle luttait sans cesse, dont chaque jour elle menaçait l'existence en le mutilant par ses colléges de département, par des actes arbitraires. Tant il est vrai que hors l'action des principes reconnus, admis, invoqués, il n'y a de durée pour rien, même pour ce qui paraît plein de vie et de force; et on doit conclure que par le rejet ou le faussement de ces principes il y aura toujours et inévitablement, révolution et bouleversement de gouvernement et de dynastie dans tel état que ce soit.

En s'asseoyant franchement sur les véritables et nationales bases représentatives, sur un électorat expression du pays, indépendant, inintimidable, pouvant lui donner les utiles leçons de la volonté nationale; et non sur un électorat censitaire des plus restreint, aristocratique, qui ôtait à presque tous le droit d'élire, ne conférant ce droit qu'à une minorité numérique presque imperceptible; et non sur un électorat qui humiliait la nation et blessait les citoyens dans leur droit le plus important, celui de concourir à la nomination des députés mandataires de la nation; la restauration eut sans doute obtenu toute la confiance, tout l'attachement des Français. Mais elle ne voulut sortir ni de ses antiques préjugés, ni de ses égoïsmes, ni de ses orgueils, ni de ses ambitions de pouvoir absolu; elle se perdit et amena elle-même contre elle-même la révolution de juillet, qui, avec enthousiasme, fut saluée par toute la France, parce que toute la France la considéra comme une révolution libéralement restauratrice, comme devant donner tout leur développement et toute leur action aux principes apportés par la révolution de 1789. Et en effet, Messieurs, aussitôt que la révolution de juillet se manifesta, généralement nous entrâmes dans toutes les ivresses de patriotisme et de liberté, et nous nous livrâmes à toutes les joies d'un triomphe qui renversait pour toujours l'absolutisme et ses tendances, qui promettait la véritable souveraineté du peuple par l'action de colléges électoraux ne devant plus être privilégiairement composés, qui ne seraient plus aristocratiques et dans lesquels la grande majorité nationale viendrait apporter son vote. Nous crûmes alors que tous ceux qui entraient dans l'enthousiasme de cette révolution en étaient les soutiens et les défenseurs, et dans ces moments d'élans patriotiques nous ne nous méfiâmes pas des hommes de circonstance, de ces nombreux intrigants politiques qui, au nom des principes qu'ils voulaient écarter, étouffer, captaient nos confiances pour ne nous laisser que des lambeaux représentatifs et de liberté. D'un autre côté, nous ne nous méfiâmes pas du tout de ces affectations de popularité, de ces feintes démonstrations de désintéressement qui n'étaient que des ruses et des piéges, qui n'étaient que les hypocrisies de l'ambition et de la mauvaise foi; et un peu plus tard nous ne prîmes point assez garde à cette corruption électorale et parlementaire dont la restauration n'avait comparativement donné que l'idée, corruption qui devait s'attacher à tout, s'infiltrer partout, qui devait tout démoraliser, tout déshonorer, tout ruiner, et qui, si elle n'est arrêtée promptement, conduira à l'envahissement de tout, au gouvernement personnel et écrasera pour des siècles la France d'ignominie et de maux.

Parmi les coups portés à la révolution de juillet et à l'action de la souveraineté du peuple, le plus funeste et le plus irritant est la loi électorale actuelle, loi par laquelle trop peu de citoyens, pris parmi les plus riches, ont seuls le droit d'élire les députés mandataires de la nation; loi par laquelle le corps de la nation est repoussé des colléges électoraux; loi par laquelle le premier et le plus important droit du citoyen, celui du vote électoral, est ravi non seulement aux masses, mais encore aux plus hautes intelligences, aux hommes les plus recommandables par leurs lumières, leur sagesse et leur patriotisme, aux citoyens les plus utiles et les plus dévoués au pays. On doit le dire, Messieurs, cette loi électorale qui ravit aux masses nationales un droit acquis par deux révolutions, n'est pas seulement antilibérale, n'est pas seulement une loi de faussement du principe d'égalité sociale et politique; c'est une loi de honte et d'humiliation pour toute la généralité française, parce qu'elle ravit à l'immense majorité numérique son droit de vote pour la formation du corps représentatif; parce qu'elle refoule le plus grand nombre de Français, de hautes intelligences, beaucoup d'hommes du plus grand mérite, dans une préjudiciable et humiliante nullité politique; parce qu'elle soumet le pays à l'exclusive action politique d'environ deux cent cinquante mille électeurs censitaires privilégiés qui sont seuls investis du droit national, et parce qu'elle courbe le pays sous la corruption ministérielle. Non, cette loi n'est point et ne peut rester la base d'un système représentatif; elle fausse ce principe et n'en est que la dérision.

Qu'est-ce qu'un gouvernement représentatif? C'est celui qui n'actionne que par les mandataires du pays, dans lequel ces mandataires font toutes les lois, et dans lequel tous les citoyens sont représentés, non fictivement, mais réellement par un vote libre, indépendant et lorsqu'ils donnent individuellement mandat. Or, tous ceux qui ne concourent point d'une manière quelconque au choix, à la nomination du député mandataire du pays ne sont point représentés, ils ne sont point dès lors tenus d'acquiescer à ce qu'a fait le mandataire, et il n'y a d'obligés que ceux qui ont donné mandat, leur assentiment pour faire. En quoi que ce soit, un homme libre n'est obligé que pour ce qu'il a consenti par lui-même ou par un fondé de pouvoir, par un mandataire choisi, nommé, constitué par lui; mais s'il n'a pas personnellement concouru au mandat, consenti au mandat, s'il n'a pas personnellement donné pouvoir, mandat pour l'obliger, il n'est tenu à rien.

En tout ce qui commande, veut, exige l'assentiment de l'homme, du citoyen, partout où cet assentiment est base de principe, de droit et de liberté; les actes sont invalides et nuls, si d'une manière quelconque l'homme, le citoyen ne donne expressément cet assentiment, si cet assentiment n'émane de son droit et de sa liberté, si, par lui-même ou par quelqu'un chargé par lui, il n'a donné un assentiment validant. Et si, où l'assentiment d'un ou de tous est reconnu nécessaire en principe et en droit; et où encore l'assentiment est une condition naturelle ou stipulée, on agit sans cet assentiment, en dehors de cet assentiment; il y a nullité, fraude d'action; parce qu'il y a tort, dommage, illégalité, prévarication dans ce qui est fait. Si cet assentiment est refusé, repoussé par les hommes ou par une loi; il y a alors violence, tyrannie de la part des hommes ou de la loi; car tous les privés de cet assentiment, tous les éloignés du concours d'assentiment sont frustrés dans leur droit et dans leur liberté, sont rejetés du bénéfice de la légalité, du grand ensemble social. Nonseulement ils ne doivent pas de soumission à ce qui est fait sans leur assentiment; mais encore leur résistance est légitime, parce que l'on agit pas seulement en dehors d'eux; mais contre eux.

On dit : les électeurs sont dans les colléges électoraux les représentants du peuple, et par eux le peuple nomme les députés mandataires de la nation. Quand les électeurs tiennent leur mandat du peuple, oui, ils sont les fondés de pouvoir du peuple pour élire les députés qui forment le corps représentatif de la nation. Mais si ces électeurs ne tiennent leur droit et leur mandat que d'un cens contributif les constituant par privilége, ils ne sont que les représentants du privilége, de leurs intérêts et ne sont que cela; ils ne peuvent être les représentants du peuple, le peuple ne les constituant pas. Pour agir au nom de quelqu'un, il faut un mandat spécial direct, explicite de la personne ou des personnes, et où il y a absence de mandat il n'y a pas de représentant légal et il ne peut y en avoir. Et comment les électeurs actuels pourraient-ils être les représentants du peuple dans les colléges électoraux, lorsqu'ils tiennent leur droit non du peuple, non de la volonté exprimée du peuple français, mais d'une loi reconnue, avouée par tous ou presque tous vicieuse, mauvaise et antinationale; d'une loi qui ôte arbitrairement et injustement à la masse nationale un droit essentiel, principal, incontestable, imprescriptible et inaliénable, pour le donner par privilége à quelques-uns et aux plus riches seulement; d'une loi qui heurte le bon sens, la raison, la justice et la nationalité de presque tous; d'une loi qui détruit le principe d'égalité politique et lui substitue un privilége aristocratique qui blesse et irrite les esprits? Assurément il n'y a pas dans tous ces monstrueux vices de la loi mandat du peuple pour le représenter dans les colléges électoraux, pour faire en son nom acte de souveraineté. Où ces électeurs ont-ils donc pris leur mandat de représentants du peuple dans les élections de députés, et qui leur a donné ce mandat? On me répond : leur mandat est tacite et il résulte de leur cens contributif que fixe la loi. Je réponds à mon tour : une loi comme celle électorale, qui est de sa nature révocable et annulable, ne peut ni tacitement ni explicitement, à moins de tyrannie, effacer un principe consacré par une loi fondamentale et de sa nature irrévocable et inannulable comme l'est la Charte; et une loi quelconque, à moins d'heurter la plus nécessaire légalité, ne peut établir un privilége politique qui n'entre pas dans l'esprit de la Charte, que condamne la Charte. Or, la Charte dit : tous les citoyens sont égaux devant la loi. Mais il n'y a plus pour les citoyens égalité devant la loi, si la loi, comme le fait celle électorale, ôte tout à l'un pour donner exclusivement tout à l'autre, si elle frappe l'un et ne frappe pas l'autre, si elle exclut l'un et n'exclut pas l'autre. Evidemment et incontestablement la Charte veut le principe d'égalité sociale et politique, et ne veut pas de privilégiés possédant à eux seuls tout le droit politique national, puisqu'elle veut que tous les citoyens soient égaux devant la loi, aient un égal droit à tout; et une loi qui établit et consacre des avantages, des droits privilégiaires, ne s'harmonie plus avec la Charte, est hostile à la Charte, est violatrice de 'article le plus essentiel de la Charte, celui qui fonde le droit public. Cette loi est dès lors absurde et tyrannique, et assurément on ne trouvera pas là mandat du peuple aux électeurs actuels pour le représenter dans les colléges électoraux. Dans l'état actuel des choses, il faut que la loi électorale disparaisse devant l'article de la Charte qui veut que les Français soient égaux devant la loi, qu'ils aient droit à tout, ou que cette même loi électorale fasse disparaître cet article de la Charte; car on ne peut être régi par deux principes contraires et on ne peut se soumettre à deux actions opposées l'une à l'autre. La Charte fonde et constitue le gouvernement représentatif, elle doit rester. Mais la loi électorale, qui ne constitue point un droit national, qui ne constitue qu'un privilége électoral, doit disparaître, doit être réformée, parce qu'elle est une illégalité devant la Charte.

Je réponds encore à mon tour : un mandat, un pouvoir de faire ne se présume jamais, il faut qu'il existe réellement, et il ne peut ni se supposer, ni résulter d'une interprétation furtive ou controversale, ni d'un sens tacite. Pour quoi que ce soit et en quoi que ce soit, pour être valable et pour obliger ceux qui constituent le mandataire, le mandat doit avoir l'assentiment direct explicite des personnes, sous peine de nullité et même de faux pour tout ce qui a été fait, si ce mandat n'est pas revêtu de la sanction individuelle de tous les mandants. Or, on ne peut pas supposer qu'il y ait mandat légal et incontestable quand il n'y a ni intervention, ni concours, ni participation des personnes. Si je jette les yeux sur notre absurde loi électorale, je ne vois point qu'elle constitue représentants du peuple dans les colléges électoraux les quelques milliers d'électeurs qu'elle fait censitairement et privilégiairement; elle ne l'a pas osé, elle ne l'a pas pu. Je ne vois dans cette loi qu'une redaction donnant privilége exclusif à ceux nés ou à naître qui seront assez riches pour payer deux cents francs d'impôts, fussent-ils les plus sots et les plus ignorants du monde; je ne vois dans cette loi qu'une rédaction établissant une véritable aristocratie électorale, quand par la Charte, quand par nos codes tout doit reposer sur le principe d'égalité politique, quand toutes nos lois organiques et judiciaires détruisent tous les priviléges aristocratiques ; et je n'y vois qu'un calqué censitaire de la loi électorale de la restauration, loi qui a renversé cette restauration et qui peut-être seule a causé et amené la révolution de juillet. Il est donc faux et même sot de dire que les électeurs actuels sont les représentants du peuple dans les colléges électoraux ; ils ne le sont pas et ne peuvent pas l'être ; ils n'y sont personnellement qu'eux-mêmes, ils n'y représentent qu'eux-mêmes et eux seuls, ils n'agissent que pour eux seuls, et l'action électorale actuelle n'est point celle des citoyens en général, elle n'est que celle d'une portion minime du pays ; et cette action électorale fausse le principe représentatif, je ne dirai pas seulement dans sa libéralité, mais dans sa nécessité. Aussi, je n'hésite point à dire et à répéter que sur les huit millions de contribuables qui sont en France, les environ deux cent cinquante mille qui sont électeurs censitaires par le privilége que leur donne la loi électorale actuelle, qui seuls concourent exclusivement à la formation de la Chambre des députés, sont les seuls obligés à tout ce qu'impose de charges les lois de finance et de conscription faites par les députés qu'ils nomment; parce que ces seuls environ deux cent cinquante mille privilégiés ont donné mandat, doivent seuls subir les conséquences du mandat donné par eux, et que tous les contribuables qui ne sont point représentés par leur fait, qui sont repoussés des colléges électoraux, qui ne concourent ni directement ni indirectement à la nomination des députés, auxquels on refuse leur juste et légitime participation à cette nomination, ne doivent rien, peuvent se refuser à tout, n'ayant pas donné mandat pour les obliger, et que la force qui les contraint à payer un impôt qu'ils n'ont pas consenti ni par eux-mêmes ni par des mandataires nommés par eux, n'est qu'une force tyrannique sous des apparences légales. L'impôt en France n'est point un tribut; il faut qu'il soit consenti, la Charte le veut, et cet impôt ne peut être levé que lorsque le chiffre en est arrêté par les hommes que les citoyens élisent et auxquels ils donnent mandat pour le faire. Mais si on ne veut pas que je nomme quelqu'un, si on ne veut pas que je donne à quelqu'un un mandat pour consentir pour moi, et si on ne veut pas que j'apporte mon assentiment et ma confiance au mandataire commun, évidemment je ne suis point obligé n'étant pas représenté, je ne dois rien et je puis tout refuser. Des tribunaux pourront bien me condamner individuellement, des satellites pourront bien m'incarcérer si je refuse un impôt que la Charte veut qui soit consenti et que l'on m'interdit la faculté et le moyen de consentir ne concourant point au mandat des députés; mais corruption et force tyrannique ne sont pas droit, ne constituent jamais le droit, on ne peut toujours rester dans l'anarchie de cette corruption et de cette force, toutes les volontés, toutes les ententes et toutes les résistances finiront par s'unanimiser pour étouffer cette anarchie, et tôt ou tard raison et satisfaction reviendront au droit, à ce qui est juste; car les mauvaises lois tombent assitôt qu'unanimement les citoyens se déterminent à les repousser. Et je le dis parce que je le pense : cette absurde loi électorale, objet des attaques du bien plus grand nombre, qui blesse le bien plus grand nombre, qui prive de son plus important droit politique la masse nationale et l'humilie, qui n'est faite que pour donner le moins d'électeurs possible afin que leur corruption soit plus aisée, sera infailliblement et probablement bientôt une cause de collisions sociales et de grands troubles si elle n'est changée et refaite sur les bases du principe d'égalité politique et du droit de tous.

Le premier besoin d'un peuple est l'harmonie d'entente nationale, est la durée d'ordre et de paix dans son sein. Mais cette harmonie, cette durée ne se maintiennent que lorsque les lois sont inirritantes, que lorsque tous obtiennent également la justice qui est due à tous, que lorsque disparaît le privilége qui ôte, qui prend, qui retranche à tous pour donner à quelques-uns seulement; que lorsque l'action publique ne heurte point ni le droit ni les intérêts du plus grand nombre; que lorsque chacun prend un intérêt d'ordre dans l'ordre lui-même et que lorsqu'il n'y a ni mécontentement ni irritations, résultats inévitables des abus et de l'illégalité; que lorsque tous ont un égal droit à tout; et que lorsque la loi vient resserrer l'unité sociale au lieu de la diviser. Hors de toutes ces conditions il n'y a qu'anarchie, et les princes et les gouvernements sont toujours en face d'une révolution menaçante qui pulvérise et ne pardonne jamais.

Quand les institutions sociales, politiques d'un peuple libre se trouvent, par le fait des hommes ou d'une loi, faussées, mutilées ; elles doivent être réformées, rétablies sur les entières bases des principes dont elles émanent, et tout commande cette impartialité, cette justice à ceux qui gouvernent. Et si les gouvernants ne s'empressent de restituer à la nation un bénéfice d'action générale, de liberté qui lui appartient ou par son droit naturel, ou par son droit de conquête sur le pouvoir absolu ; ces gouvernants sont dans les voies d'une usurpation de pouvoir, sont dans l'action du despotisme. Leur administration n'a plus rien de constitutionnel, n'a plus rien de national, elle n'est plus qu'un joug et une tyrannie que la nation doit combattre et renverser à son profit ; et tout alors, son honneur et ses intérêts lui commandent une révolution, et si elle ne la fait elle tombe dans la servitude.

Mais avant de commencer cette révolution, avant même d'en arrêter le projet et les plans ; les citoyens doivent se lier par des ententes d'ordre, d'harmonie et de paix pour obtenir du pouvoir la restauration d'un droit usurpé, pour rentrer dans la jouissance entière et générale d'un droit restreint ou morcelé. Sans doute un peuple libre doit toujours promptement arrêter son gouvernement lorsqu'il extensionne son pouvoir au préjudice de la nation, lorsqu'il attente en quelque chose au droit et à la liberté de tous ou du plus grand nombre, lorsqu'il sort de ses limites et lorsqu'il refoule l'action de souveraineté du peuple ou l'annihile en partie. Mais avant d'entrer contre lui dans les résistances par la force, il doit lui opposer une résistance morale, improvocante de troubles, et ce peuple se doit à lui-même de ne lutter contre son gouvernement par la force, que lorsque ce gouvernement a persisté à repousser toutes les demandes, toutes les honnêtes et prudentes instances nationales.

La loi électorale actuelle, Messieurs les contribuables non électeurs, vous ravit le plus beau droit du citoyen, elle vous prive du droit politique le plus important sous un gouvernement constitutionnel représentatif, celui de concourir à la nomination des députés mandataires de la nation ; mandataires qui font toutes les lois, qui votent le budget et toutes les charges qui pèsent sur vous comme sur ceux qui élisent ces députés. Par cette loi vous êtes exclus du grand acte de souveraineté du peuple et vous êtes retranchés de l'égalité politique que la Charte proclame ; cette même loi vous blesse dès lors dans vos intérêts, dans votre amour-propre, dans ce noble orgueil de citoyen que vous ne pouvez ni ne devez sacrifier. Vous ne devez pas, Messieurs, faire plus longtemps abnégation de vos susceptibilités nationales, susceptibilités qui honorent toujours l'homme et qui font la dignité du citoyen ; vous devez vouloir la réforme d'une loi pour vous si lésante, qui vous interdit le vote électoral, qui vous impose la plus ruineuse et la plus humiliante nullité politique, qui facilite aux ministres toutes les corruptions électorales, qui estropie le système représentatif, le principe d'égalité politique, et qui est en opposition avec la Charte qui veut ce principe sans partialité.

Mais comment arriver à la réforme de cette si mauvaise, si vicieuse et si blessante loi, le gouvernement voulant opiniâtrément et impérieusement son maintien et repoussant par tous les moyens, même par ceux d'une corruption effrénée, toute espèce de réforme électorale et parlementaire, et les ministres ne voulant pas même de modification aux choses malgré leurs vices?

La possibilité de cette réforme et sa prompte décision n'est qu'en vous-même, Messieurs, et dans les électeurs. Je ne vous dirai point de recourir à des moyens violents qui pourraient occasionner des troubles, une révolution ; je ne vous dirai point de refuser l'impôt quoique je pense que ce refus soit dans votre droit ne l'ayant point consenti par des députés mandataires nommés par vous; je ne vous dirai point d'entrer dans les résistances de la force ; je vous dis au contraire qu'au lieu d'employer ces moyens de désespoir, d'irritation, de lutte, vous devez employer ceux de paisibles convenances et de persuasion. En conséquence je vous dis : voyez les électeurs dans chacune de vos communes, parlez leur, exposez leur comme en famille votre mécontentement et votre grief; adressez des pétitions collectives à chaque collége électoral d'arrondissement, et dans vos conversations, dans vos pétitions, dites à ces mêmes électeurs :

« Messieurs,

La Charte veut que tous les Français soient égaux devant la loi et elle n'admet de privilége pour personne. Elle consacre dès lors le principe d'égalité politique, elle veut dès lors que chacun ait un égal droit public, et il est contre son esprit qu'au préjudice de la masse des citoyens il y ait au profit de quelques-uns seulement privilége exclusif dans l'exercice de ce droit, et la loi qui confère ce privilége malgré l'égalité politique consacrée par la Charte, est une loi violatrice de la Charte, par conséquent provocatrice de révolution.

Cependant la loi électorale actuelle, contrairement à la Charte et à son esprit, sur huit millions de contribuables ne confère qu'à environ deux cent cinquante mille seulement le droit de vote électoral pour la nomination des députés mandataires de la nation, députés qui, au nom de tous et pour tous, font toutes les lois, consentent l'impôt, votent un énorme budget d'un milliard et demi, autorisent ou sanctionnent tous les actes du ministère, et cette même loi impose à sept millions sept cent cinquante mille la plus préjudiciable et la plus humiliante nullité politique. Par cette loi nous ne jouissons plus de l'égalité politique que veut la Charte puisqu'elle nous ôte cette égalité que la Charte nous reconnaît, elle établit à notre préjudice un privilége exclusif de citoyenneté que la Charte repousse, elle est dès lors en contradiction avec la Charte, en opposition à la Charte. Nous ne pouvons plus ni ne devons plus rester dans une nullité politique qui nous dénationalise en quelque sorte, et pour nous et pour la génération qui croît nous voulons rentrer dans le droit national commun.

Nous devons tous obéissance à la Charte et nous sommes loin de lui refuser cette obéissance nécessaire et qui est la grande base de l'ordre public. Mais nous demandons que la Charte, qui veut que tous les Français soient égaux devant la loi, soit vérité pour nous, et que cesse l'effet et l'action d'une loi de circonstance et de partialité qui vient nous exclure du premier et du plus important droit de citoyen : celui de concourir à la nomination des députés mandataires de la nation.

Nous voulons le gouvernement constitutionnel représentatif comme l'établit la Charte. Mais comme la Charte, qui veut que tous les Français soient égaux devant la loi, n'a pas fondé le mode gouvernemental représentatif pour quelques milliers de Français seulement pris parmi les plus forts contribuables, et comme la Charte n'a pas dit que nous serions tacitement représentés et sans notre participation active et directe ; nous demandons à concourir par nos votes à la formation de la Chambre élective, votes sans lesquels nous ne pouvons nous reconnaître comme constitutionnellement et comme légalement représentés dans la confection des lois et le consentement de l'impôt.

Nous voulons garder fidélité au roi des Français, nous voulons le maintien de la dynastie actuelle, et autant qu'il dépendra de nous, nous voulons consolider le trône de juillet. Mais nous demandons à concourir à la nomination de députés qui maintiennent les ministres dans les limites constitutionnelles, qui leur imposent la vérité administrative constitutionnelle et qui leur impossibilisent l'action d'un gouvernement personnel.

Dans le but de vitaliser l'harmonie sociale et politique de tous les citoyens, harmonie toujours nécessaire dans un état ; nous pensons qu'il est dans l'intérêt de tous de demander la réforme d'une loi qui est en opposition avec la Charte et l'annulle dans sa disposition la plus nationale, dans sa plus importante volonté exprimée : l'égalité devant la loi et l'admission de tous à tout ; car, si on conserve la loi électorale actuelle en présence de la Charte, c'est vouloir soumettre la nation à une action qui détruit le principe consacré par la loi fondamentale, c'est vouloir rester dans des opposés irritants qui amèneront des dissidences, des scissions collisionnaires, les harmonies sociales se trouvant rompues.

Il est reconnu et jugé par tous ou presque tous que la loi électorale actuelle est au milieu de nous un brandon de discorde, qu'un peu plus tôt ou un peu plus tard elle amènera infailliblement de dangereuses collisions sociales. Sa réforme est donc nonseulement une justice, mais une impérieuse nécessité. Nous la demandons et nous devons vous le dire, Messieurs les électeurs, si vous deviez nous refuser vos assentiments, votre concours et votre action pour faire opérer la réforme de cette loi, pour nous faire rentrer dans l'exercice du droit politique commun, pour faire cesser la nuisible et humiliante nullité politique dans laquelle nous sommes placés; nous vous rendons responsables de tout ce que cette même loi pourra par suite occasionner de fâcheux pour le pays. Par cette même loi électorale, à cause des facilités qu'elle en donne au pouvoir, fournissant un trop petit nombre d'électeurs, la corruption déborde partout et sous toutes les formes, tout est envahi par cette corruption qui est devenue principal moyen des ministres et du système politique actuel du gouvernement, et cette corruption peut d'un jour à l'autre nous amener une grande crise sociale, peut-être un bouleversement. Accepterez-vous, Messieurs, une telle responsabilité en face du pays, et vous résignerez-vous à en subir les conséquences? Nous ne le pensons pas; et votre raison, votre justice, ce grand besoin d'unité sociale, votre sentiment de patrie et de liberté ne vous le permettront pas.

Dans la conviction, Messieurs, que vous accueillerez nos justes plaintes, que vous ne repousserez pas le cri de vos concitoyens, cri qui exprime toute la douleur nationale ; nous continuons à vous dire :

Par cela seul que vous payez deux cents francs d'impôt, la loi électorale actuelle vous confère exclusivement le droit de nommer les députés mandataires de la nation, votant les lois de finance et de conscription qui pèsent sur nous comme sur vous, et vous allez procéder à la nomination de ces députés mandataires. Nous ne demandons point à vous ôter votre droit, nous ne demandons point à diminuer ce droit ni à vous en exclure d'une manière quelconque; mais nous demandons à exercer ce droit comme vous, conjointement avec vous, et nous ne pensons pas qu'il soit juste, parce que nous payons quelques francs et même quelques centimes d'impôt de moins que vous, de nous priver du droit du vote électoral, du droit de nous faire représenter comme vous; surtout, la Charte nous disant : tous les citoyens sont égaux devant la loi. Nous désirons donc rentrer, pour l'exercer en commun avec vous, dans un droit que la loi électorale nous ravit injustement et contrairement au principe d'égalité politique que la Charte proclame, droit que les ministres persistent à nous refuser, repoussant toute espèce de réforme électorale et parlementaire.

Comme vous, Messieurs, nous sommes citoyens français; comme vous nous aimons la patrie et comme vous nous sommes prêts à sacrifier tout pour elle, nous ne lui portons ni plus ni moins de dévoûment que vous. Pourquoi ne nous fait-on pas jouir comme vous du droit du vote électoral, du droit de nommer conjointement avec vous les députés mandataires de la nation, et en quoi avons-nous démérité pour être rejetés du droit commun, du concours national, et pourquoi, comme vous, ne sommes-nous pas considérés comme expression du pays ?

Comme vous, nous voulons le gouvernement monarchique constitutionnel représentatif, ce mode de gouvernement a toutes nos sympathies, et toutes nos opinions, nos convictions lui sont acquises. Pourquoi nous refuse-t-on de venir concourir conjointement avec vous à l'action de la première base représentative?

Comme vous, nous acquittons les charges de l'état et comme vous nous portons le fardeau d'un énorme budget, quoique pourtant nous ne soyions pas comme vous représentés dans la Chambre élective qui discute ce budget et en arrête le chiffre, puisqu'on nous refuse de participer avec vous à la nomination des députés. Puisque l'on veut bien de nous pour l'acquit des charges, pourquoi nous rejette-t-on de la discussion représentative qui fixe ces charges, et pourquoi exige-t-on de nous un impôt que la Charte veut qui soit consenti, que nous ne pouvons consentir par personne n'étant pas représentés dans la Chambre élective pour la formation de laquelle on nous refuse le droit de vote électoral?

Comme vous, on nous a vu dans tous les temps partager les dangers de la patrie, prendre notre part des malheurs publics, et comme vous nous envoyons chaque année nos fils rougir de leur sang les champs de l'Algérie. Pourquoi nous appelle-t-on à l'égalité pour supporter les charges de l'état, de la conscription, pour combattre pour la patrie, lorsqu'on nous refuse cette égalité pour l'élection des députés? Ne sommes-nous donc citoyens français que pour avoir une large part dans les sacrifices, et ne le sommes-nous plus lorsqu'il s'agit de prendre part dans les bénéfices du droit commun, dans l'action de souveraineté du peuple par les colléges électoraux?

Comme vous, nous avons des intérêts à sauvegarder, et comme vous nous avons l'amour-propre et l'orgueil de nationalité et de liberté; tous vos intérêts, toutes vos susceptibilités nationales sont aussi les nôtres. Pourquoi vous accorde-t-on exclusivement et à notre détriment un droit essentiel, principal, qui appartient à tous et que l'on nous refuse parce que nous sommes un peu moins riches que vous?

Comme vous nous avons fait les deux révolutions qui ont rendu la liberté à la France, qui l'ont affranchie de l'action aristocratique, des gênes et des jougs des priviléges; nos pères avec les vôtres, nous-mêmes avec vous, avons tout fait pour cette liberté et pour cet affranchissement. Pourquoi nous refuse-t-on notre part des bénéfices de ces deux révolutions? Les sacrifices que nous avons fait, et le sang que nous avons versé doivent-ils faire de nous des ilotes dans la patrie?

Comme vous, nous sommes animés du véritable patriotisme; comme vous, nous avons le discernement et l'intelligence des choses; comme vous, nous connaissons tous les intérêts, tous les besoins du pays, et nous ne demandons qu'à vous apporter l'aide de notre patriotisme, de nos consciences, de notre intelligence et de nos lumières.

Chaque jour nous interrogeons nos consciences, et chaque jour nous nous demandons ce que nous avons fait au pays, au gouvernement pour nous repousser du vote électoral, pour nous faire subir les rigueurs d'une loi privative et humiliante? Nos consciences s'étonnent de cette injustice, elles s'en irritent, et des foules de voix nous répondent, et vous-mêmes, Messieurs les électeurs, vous nous répondez en masse: vous êtes tous les fidèles et dévoués fils de la France, nous ne vous repoussons point, vous n'êtes repoussés que par les hommes du pouvoir, que par des intrigants qui se disputent le pouvoir et qui redoutent l'unanime expression nationale; vous n'êtes repoussés que par un ministère qui ne veut et ne voit que les égoïsmes du pouvoir, qui redoute la grande unité nationale dans les colléges électoraux, qui redoute votre force morale, votre indépendance, votre patriotisme et tous les grands élans nationaux.

Journellement, Messieurs, vous marquez votre mécontentement de nous voir repoussés du vote électoral; journellement vous dites que votre nombre n'est point en rapport avec la population de la France, qu'un aussi petit nombre d'électeurs pour une aussi grande population n'est qu'une dérision du système représentatif; et journellement encore vous vous plaignez qu'un si petit nombre de votants dans les colléges électoraux possibilise trop au ministère la corruption électorale, corruption qui inutilise vos patriotiques efforts et vous irrite. Eh bien! Messieurs, nous ne demandons qu'à venir avec vous accomplir le système représentatif, nous ne demandons qu'à venir vous fortifier de notre nombre et de notre indépendance contre une corruption qui vous paralyse, qui déprave tout, et qui, pour peut-être plus prochainement qu'on ne le pense, prépare à la patrie les jours les plus néfastes.

Dans le désir que nous manifestons de voir opérer la réforme électorale, de voir opérer la restitution de notre droit de vote électoral; nous n'avons pas pour nous les bons vouloirs ministériels, nous le savons, et nous savons aussi que nous aurons toujours contre nous les mauvais vouloirs d'un ministère qui ne veut que notre argent, que la continuation de nos sacrifices sans compensation, qui repousse jusqu'à l'ombre d'une réforme quoique juste, quoique dans tous les esprits, quoique conforme aux principes. Mais Messieurs, peu nous importe les mauvais vouloirs des ministres et du pouvoir si nous pouvons compter sur vos manifestations, sur vos unanimités de bons vouloirs, sur l'esprit libéral que vous avez toujours montré, sur cette grande harmonie nationale qui a toujours été votre objet, harmonie sans laquelle il ne peut y avoir utile et sauvegardante entente dans la patrie. Les ministres peuvent bien commander impérieusement dans la chambre à une majorité servilement complaisante; mais il ne peuvent enchaîner ni votre volonté, ni votre patriotisme, ni votre justice, ni votre sentiment national, ni ce noble intérêt public qui vous porte à vouloir affranchir le pays du joug de l'illégalité, de la corruption et des ruines du gaspillage.

Nous sommes persuadés que vous sentez et que vous jugez que la réforme électorale est une justice, est maintenant un besoin pressant, qu'elle seule est le moyen de sauvegarder le pays contre une corruption qui déshonore et démoralise tout, contre un système politique qui compromet les intérêts présents et menace tous les avenirs de la France. Confiants dans vos sympathies, et dans la ferme persuation que, parce que nous payons seulement quelques francs et mêmes quelques centimes d'impôt moins que vous, vous ne voudrez pas garder pour vous seuls toute l'omnipotence électorale; et convaincus que vous êtes disposés à faire tout ce qui dépendra de vous pour que nous puissions rentrer dans notre droit d'égalité politique, dans notre droit électoral, pour l'exercer avec vous dans une union nationale et patriotique : nous vous demandons, Messieurs, de ne donner vos suffrages qu'à des candidats réformistes, qu'à des candidats qui s'engageront formellement à voter la réforme électorale. Nous vous demandons encore de ne pas nommer des candidats fonctionnaires ou dévoués au ministère et au système politique actuel du gouvernement; nous vous demandons de repousser tous les candidats qui ont fait partie de la majorité de la chambre, tous ces hommes qui ont repoussé constamment les plus indispensables réformes, la proposition Rémusat, et qui les repousseraient encore s'ils étaient renommés, malgré toutes les promesses qu'ils pourraient vous faire, et malgré toutes les assurances verbales qu'ils pourraient vous donner; et nous vous demandons de faire obliger d'une manière certaine tous les candidats qui solliciteront vos suffrages, d'opérer la réforme électorale dans la session prochaine, et avant la discussion et le vote du budget.

Dans votre propre intérêt, Messieurs les contribuables non électeurs, et dans celui du pays plus grand encore que le vôtre et qui veut tous les dévouements, je viens de vous tracer ce que je crois utile de faire, et si vous apportez, dans la marche que je viens de vous indiquer tout le zèle et tout le patriotisme dont vous êtes susceptibles, je ne doute pas de votre succès.

Agréez, Messieurs, l'expression de mon estime et de ma considération.

RICHARD.

devait opérer la réalisation de notre droit de vote électoral, nous [illegible] pas oublié que nous étions solidaires [illegible], nous le savons et nous savons aussi que nous avions toujours, [illegible] les ouvriers [illegible] existence qui ne veut que notre [illegible], que la [illegible] une occupation [illegible], qui [illegible] [illegible] principe. Mais [illegible] et des [illegible] et de [illegible] devons si nous voulons [illegible] sur ces manifestations, sur les [illegible] de base [illegible] avec [illegible] toujours [illegible] cette grande [illegible]

www.ingramcontent.com/pod-product-compliance
Lightning Source LLC
LaVergne TN
LVHW010315230826
846091LV00009B/3666